Gustave Kahn

Chansons

d'Amant

BRUXELLES

Paul LACOMBLEZ, Éditeur

31, rue des Paroissiens, 31

Chansons d'Amant

DU MÊME AUTEUR :

LES PALAIS NOMADES, POÈMES.

SOUS PRESSE :

UN LIVRE D'IMAGES.

GUSTAVE KAHN

Chansons

d'Amant

BRUXELLES

Paul LACOMBLEZ, éditeur

31, rue des Paroissiens, 31

1891

A Madame Elisabeth Kahn.

Voici pour vous des vers,
En voici la multicolore pannerée
parmi votre chanson, écoutez-la.

Ils sont durs et bizarres mais aimants
Ils clament la voix de votre beauté
Ecoutez-la, écoutez-les
Ils se sont nés vers votre aimant

Et ceux que vous élirez
resteront la chanson d'amant
Et ceux à qui vous sourirez
resteront ma chanson d'amant.

LA BELLE AU CHATEAU RÊVANT

A l'extrême terre près de la grève, le château dans la brume : de la plane terrasse teintée de lune et comme vide de présence, vers qui pourrait entendre, LE VEILLEUR DES TOURS clame

Les pleurs de ta passion
parent les collines
des péristyles des nouvelles Sions
et des nuages plaquent leurs adhésions

Teintée de fleurs et d'aube et du sang des victimes
la paroi du désert écartèle les trophées opimes
des lunes de tes rêves et des soleils de tes sommeils

Les tentes dépliées au pied des caravanes
les étriers coruscants jetés dans la poussière
et le bruit du galop exhilarant dans la savane
s'apaisent vers les deuils des poussières premières

Chansons d'amant

L'ancre languit au promontoire,
les démiurges des histoires
planent au miroir de la mer plane
c'est ici le songe éternel du silence
le repos du sommeil éternel sans semblances

Les prodromes et les hypostases meurent au pied du roc crénelé
la mer des blondes ténèbres éploie ses hydres annelés
la mémoire est en deuil de la Nixe et de la Sirène
la mémoire est en souffrance du quelconque qui pleure au seuil ;
ici c'est le palais des repos de la reine

Belligère d'émoi loyal
Jeune page aux lèvres loyales
Jongleur à la chanson joviale
piéton des chemins d'idéal
venez à la cité qui meurt ses agonies d'insomnie ensevelie
venez aux demi-morts, aux retranchés, aux proscrits,
aux proscrits scellés aux gîtes irréalisables, venez

Passant, Roi de fortune, Éphémère, Thyrse des douleurs
Cavalier des ardeurs, Reître des baisers, Jongleur somnambule
à la voix morte du veilleur
à la voix fantôme de la corne qui ulule
accourez, accourez
venez, venez

Toutes *roses du Farsistan*
et les bassins qui chantent la joie continuelle
et les mosaïques aux lucioles perpétuelles
et le vin de la chimère et le vin de mai et le jubilé des printemps
attendent la lassitude de tes pas

Dans le repos des parfums, dans le trépas renouvelé
tu goûteras la fête resurgente et vivace
tu trouveras la trace éparse des derniers élans de ta race
l'illusion te dira les dominations

Les langueurs des harmoniques meurent au pied du roc crénelé
viens aux réduits, viens aux baisers, viens aux morts partagées

UNE VOIX saille de l'horizon

Ah, des sources inconnues pour y tremper mes mains malades
je suis le frère aigri des crépuscules similaires
le frère
des spectres inconsolés ainsi les Danaïdes
et le marin d'Ithaque qui souffrit aux plages arides
ou le dompteur des taureaux enragés du rouge de ses lèvres

J'ai perdu ma force à sa faiblesse.
Sirène, la dernière à la voix de la première
j'erre aux mirages des paysages répercuteurs de ta lumière,
ô toi qui luminas ma vie et ma détresse
de ton port irradié des flottes des désirs pavoisés
j'ai cargué la voile de la tartane aventurière
et par les flots de nos douleurs abandonnées, je vais

13

Brèves sont les douces terres
lentes sont les mers
l'amer passé délétère
gît à mon diaphragme amer

Brève est la colline
si lente est la plaine
brève est la clairière
si lente la lande

Par delà la colline et par delà la plaine
pas sur pas, coupe sur coupe, dans l'infini de ton haleine
je vais ma marche prisonnière

Mon bon cheval des luttes est mort le long des grèves
ma compagne mémoire s'est assoupie de rêve sans trêve
mon glaive s'est brisé contre l'écu du chevalier-frère
mon bouclier je l'ai laissé aux chanteuses de la taverne
ah ! des sources méconnues pour en onder mon front malade
et des seins portraits des siens pour que ma lèvre hiverne

Vers des cloches argentines
Vers des lèvres matutines...
Porche inconnu peut-être asyle de celle qu'on destine
au misérable fils inéluctable des héros
peut-être ayant vaincu la menace de tes créneaux
verrai-je un sourire épanouir la fête de mourir
au pèlerin des morts d'aimer, opposez vos haches et vos carreaux

La belle au château rêvant

Qui que tu sois, gardien du fort
qui que tu sois, marin du promontoire
descends tes pas armés le long des forteresses
le maître des douleurs transgressera ton territoire

La voix du VEILLEUR DES TOURS *s'élève*

Que la herse se lève pour l'accueil
Passant qui lamentez votre âme sur le seuil
laissez-vous guider par la main consolatrice
allez vers les parvis des voix évocatrices

Et dès le vestibule, aux pas fiévreux du pèlerin, se dressent voilées de noir DES DAMES ; L'UNE *dit*

Ah que bégaiera ta parole
si l'indicible vient à toi

Des chars se meuvent sous tes paupières
des chariots de guerre et des tours de pierre
et les pleurs lents de la blessure rouge
saignent aux bouges fréquents de toi
mais la désirable fièvre qui se meut aux incertains émois !

J'ai su tes soirs vrillés de timbres impersonnels
aux voix d'on ne sait où, tes rébellions
et quand tu pantèles aux griffes insatiables du lion perennel
tes adieux monochordes aux soirs soudains des Sions
aux soirs immédiats des repercutables Sions

Chansons d'amant

La cité qui flotte à tes heures seules
la cité qui pleure ses pauvres sous ton front
et le dédale des palais seuls
et les âmes résonnant aux marteaux des forgerons
                    invisibles
les âmes, cœurs et cribles et cibles
aux flèches des tueurs de monstres de ton front.
                En quel oubli profond
la désirable fièvre qui vient naître à tes crépuscules profonds

Dans la nuit aromale des zones perceptibles
ah ! cœur dormant au fond de ton cœur perceptible

Toi qui trembles aux pas légers le long des Babels de ton rêve
chercheur de passés qui s'oripent en avenir
regresse, et dans toi-même cherche le devenir
éveille la lancinante dormeuse hantante de ton rêve

                Frère, la liqueur d'or
                qui pavoise, dore et décore
                l'absence incertaine de qui s'est tapie là
            et la perpétuelle et fausse présence du me voilà
                cherche-la dans les mines profondes
                que l'inscience de tes moments scella —
                regresse, au plus profond porte tes pas

Vers le pèlerin, UNE AUTRE DAME *s'avance et dit*

16

Dans les jardins de la chimère
mille plaintes aux térébinthes
mille plaintes amères
à la seule douleur de la chimère

Dans les jardins de la chimère
mille morts aux sycomores
à la seule mort
des désirs gerbés au jardin de la chimère

Griffes en colliers
larmes en perles
agonies des roses !
j'ai su que la chimère lacessée
la chimère étranglée des colliers
éperle aux passants ses perles
et dédie les roses aux pays de mort

Dans des pays d'été charnel
des pays éclatants que voilent des branchages
va chercher le renouveau des âges
et les cœurs des roses au parfum perennel
le parfum des fleurs au toujours présent rituel

Les caravanes tympannonnent.
Les filles mates, qui dansent et donnent
rejoins-les aux détours sinueux de la route
ici c'est la prison,
et le lierre primordial des erreurs que les chèvres broutent
entends dans l'horizon l'appel des tympanons

Chansons d'amant

A la cendre éteinte des regards pourquoi chercher tes survivances
          la tête en larmes de tes nuits
          la fleur écarlate de tes songes
          le dôme de soir du cher mensonge
          dévalent au fleuve de vie

          Regarde fuir et vois gésir

Le Pèlerin passe, mais dans la salle obscure où sous le dôme aux contours
imperceptibles seul s'aperçoit dressé comme un catafalque le lit de la Belle,
LE MAGE l'arrête

     Soleil, morne soleil, horaire défaillance

     Astre de la nuit, tremblotantes lumières, astres de désastres

     Face décapitée de la lune, une et spectrale

     Ténèbre astrale, ah corps blessé, heure sans vaillance

     Colonnade de pilastres où s'émeut le vent des désastres
     Gîte de l'accueil et de l'emblème, tour centrale

          Les passés voilent vos images
          aux yeux intérieurs du mage

     Qu'est devenu le doigt qui montrait l'aurore
     la torche des soirs vacillant sur le livre

la danse, spirale des regards et qui enivre
les corps se sont perdus et l'âme meurt encore

> *Frère des lointains*
> *tes pas incertains*
> *sur les sables du lendemain*
> *la méprise de ton caprice*
> *vers la louange impératrice*

d'un corps acquiesçant sa lumière et ses divans blancs
> *vers ta douleur vocératrice*

ce serait dans les soirs des mondes jeunes de vivre
> *le simple et pur élan*

mais le mensonge ici panse ses cicatrices

> *Les vagues des souffrances*
> *se sont amoncelées*
> *des stalactites ont filtré*
> *du dôme en joie, du dôme en pleurs, vers le silence*
> *les pleurs sont la langue où se sont rencontrés*
> *les retours muets d'étranges contrées*

Couche tes pas arides dans la nuit sans ride
vers la nuit sereine étends tes paumes suppliantes
vers la nuit sans demain, lourde de rêve d'étoiles reines
> *apaise tes genoux et tes oreilles oubliantes*

Vers lui hors du fantomal monde hanteur de la salle, s'avance UN
GUERRIER

19

Chansons d'amant

Les chars des capitaines sont passés — c'est la mort
effondrées les tours qui ceinturèrent les palais des idylles
                    et la lagune lamente à l'île
les mousses du passé se sont amoncelées — c'est la mort

            Frères de rythmes éperdus
            les sèves et les vigueurs armées de fer
            ils descendaient dans l'arène et furent perdus

        Des courroux inconnus sur le feu des cavales
        galopèrent la lisière des fêtes aux coupes pleines
        et les cités se sont inclinées vers la plaine
        une main vint terrasser le front des capitales

        De ceux qui s'enlaçaient pour pencher vers la mort
        de ceux qui s'isolèrent aux genoux de la mort
        le souvenir s'est clos dans les brumes de la mort
        les chars qui s'effondraient traînaient les capitaines
        vers les portes souillées d'on ne sait d'où — c'est la mort

Vers le catafalque où les yeux de la Belle restent clos, le PÈLERIN supplie

            Dès l'heure des graciles enfances
            aux indistinctes et pâles songeries

            Lors de la nuit qui s'apâlit
            dans les soleils aux agonies en pierreries

La belle au château rêvant

A l'appel de la courbe du fleuve
et des lueurs des incendies sur les forêts en navrance

Dans les chevauchées vers lumières neuves

Tombé débile aux mares d'ennui

J'ai rêvé la route à ton gîte où l'étoile luit
et que mes avenirs s'étoileraient de tes féeries

UN CHŒUR INVISIBLE *bruit*

Nous avons cherché le mensonge et nous avons trouvé la loi
les hyperboles et les paraboles éclairaient les routes des aïeux
la coupe de l'oubli resplendit aux festins dans les cieux
et sous l'arbre qui donne l'asyle des baisers ombreux
les amants venaient écouter les madones

Déçus d'avoir glissé sur les mers sans rivages
trop longtemps devins de bruits sonores et vains
nous inclinâmes vers la fleur de songe nos veurages
las de nos regards lustrateurs des vieux âges
nous nous dérobâmes aux prunelles d'avenir

Chansons d'amant

Aux battants de notre porte c'est l'éternelle poussière
le chemin traversé s'engouffre dans l'éternel passé
les âmes comme des ailes battent aux plafonds d'ombre
les douleurs d'anciens cœurs seules se lamentent en poussière
les discrépances de jadis sont emmurées dans le passé
    nous nous sommes voilés du plus lourd manteau d'ombre
    puisqu'il n'est rien de plus que renaître et mourir

LE PÈLERIN

    Je mènerai nos baisers vers les cités
    veux-tu les madrigaux, les folies ou les fées
    sur la mer, les néfs aux proues dorées
    ou les concerts des peuples à ta voix acclamée

    De toutes cendres des errances
    des baisers de ta parole émergeront les renaissances
    laisse-moi dans tes mains refleurir
    vers le sourire de ta joie jeter l'ancre des avenirs

Sois la rade, la fête en fleurs et la magnificence
    sur la tour immobile nous enliserons le verbe mobile
    ce sera dans notre calme un unique désir
    et des palmes invisibles berceront ta clémence à ma vie

CHŒUR INVISIBLE

Transmuter l'éclair en chair indestructible
figer la seconde en éternel monde

folie du passant qui s'arrête et s'écrie
« érigez sur cette vague l'éternel palais du réel »

Demain tintera comme aux jours disparus
autour du palais grondera la rue
tu ne sais, ami, que ta sœur la douleur
et la traîtresse caresse des théorbes sirènes aux doigts trompés des reines

Ton manteau d'alchimie trompée, ton oreiller
la tiare aux nutations invisibles
et les frontières d'hypothèse familière —
ni plus tard, ni jamais — ni la grotte, ni le trépied

LE PÈLERIN

Des arabesques des voix d'anges je tapisserai ton réveil
au profond des causes nos pas erreront
dès ton réveil non pareil, les ciseaux des rêves vivront et chanteront
sur la terre déserte, un réveil bruira des soleils

Descends le long des marches tremblotantes de mon être
à tes pas adulés les parvis reconstruits
dans une efflorescence des gemmes, des voix du bonheur d'être
salueront le jour éternel renvoyant d'un baiser la nuit

Viens vers les horizons, les parcs d'amour, viens vers mon âme
vers ta vie nécessaire, renais à l'inéluctable destin de ton âme

Chansons d'amant

LA BELLE

Reviens à moi, sommeil, scelle-toi sur ma bouche
des mirages de leurs visages garde le lac de mes yeux
reprends-moi dans le val aux mousses quiétantes
où toujours l'amoureux soulève un pan de tente
et se retire peureux

Entre mes seins reviens, dans ton cortège d'ombres
les ombres de jadis qui passèrent et moururent
les ombres de silence qui glissent aux nuits planes —
mes épaules lésées dans tes bras las, et la nuit plane

Les meurtres de ma vie enclos-les dans tes deuils
le méfait de ma beauté couvre-le d'un pan de ta nuit
donne le fleuve d'oubli qui berce et s'abolit
ah! reprends-moi, sommeil, scelle-toi sur ma bouche

Et tandis que sort le pèlerin, que le château retombe dans le mutisme séculaire, LE VEILLEUR DES TOURS chante

Delà les bois silents, et les fleuves, et la lande
mes désirs cinglent vers tes yeux
énamourées, énamourées
les trombes de mon cœur tournent à ton silence
par delà les soleils des soirs et les bois silents

24

Vers les verandahs où s'apaisent
les troupeaux des filles aux seins mûrs
je chercherai l'électuaire
l'élue des jours ternis, lui dire le syllabaire
des grands mots d'amour des soirs

Voici le lys flétri et la cargaison morte
et puis voici les yeux d'Hélène ou de Judith
allez les voix des mages à ses pieds blancs et dites
les profondes syllabes des crépuscules aux villes mortes

Aux tons passés des robes de brocart des frivoles années
se réfugie le rêve et le site et l'Orient
Fleur dévastée sous les piétons errants
et qui rit comme folle aux pas du chevalier

Cependant que le jour se rigide dans les arbres
que la ville illumine ses sens aux artifices
que rigide tu vas aux lèvres de molles complices.

ÉVENTAILS

I

Les rois mages vont vers l'étoile
vers la solitaire étoile
qui doit refleurir à leur parole franche

Au cours des ruisselets, comme des robes d'anges
émanent des sourires bienveillants de la lune ;
la langueur de la longue robe de la nuit brune
s'entr'ouvre pour montrer une ceinture d'anges

Harpes inconnues, parfums en émoi, colliers de baisers
comme des pas bruissants au fond sombre de halliers
les accompagnent ;
sur la mate et rase campagne
comme une aile énorme vient frôler d'une caresse de baisers

L'air est si suave à s'étendre et mourir
la caravane lente se berce de marche heureuse
et les rois se rappellent la contrée soyeuse
où dort dans des nuées et des poudres d'or et les calinantes lyres
le grand lys intangible à tout mortel
et seul autel et seul bonheur, tant inaccessible

Et l'un des rois murmure en la pâleur lactée de la nuit :

Chansons d'amant

Les parois du tabernacle du soleil agonisant
pâlissent quand ses pas caressent la terrasse des palais:
les marchands des orients qui rapportent les joies et les arts plaisants
quand se baissent ses longs yeux cachent leurs trésors humiliés .

On prodigue au muletier les deniers et les besants
pour contempler de loin la terrasse où passe son aurore
et les pythonisses pilent les mandragores
pour les vœux inutiles des humains humiliés

Pour le seul festin de mes faims
s'ordonne le spectacle de ses pas et de ses bras
et s'étendent les pourpres sur son visage que jamais n'enténébra
la crainte d'une lassitude à mon étreinte

Un autre roi murmure au rythme de sa marche :

Depuis que son haleine a passé sur ma vie
mes instants se parent en rosiers ravis
dont j'égrène les pétales de perpétuelles renaissances

Des lèvres de l'adorante blessure
vers le parfum de ses sourires
les perles et les baumes éclosent en abondance

Perdu dans l'infini murmure
d'une mer de grandes douceurs qui s'épandent de toi
j'éprouve les calmes rythmes de tes bonheurs à toi
et dans la grotte satinée de ta bouche ma vie se mure

Et le roi nègre à mi-voix :

Mes barques ivoirières et mes arbres aux ombres d'amour et de mort
mes géantes montagnes de marbre ciselé
et mes mers hospitalières au soleil quand il dételle
et mes landes infrangibles et mes monstres et mes lu   s

Les esclaves qui lavent les turbans aux sources inconnues des fleuves
Les mausolées d'ancêtres où stagnèrent les douleurs de veuves
Mes gazelles et les parures adamantines des ailes
Qui frolèrent mes repos près d'elles

Aux margelles des puits profonds qui s'ignorent en ses yeux inconnus
je les oublierai, perdu dans un rêve de bras nus

La nuit a des douceurs de brise dans les voiles
et sur les rois perdus de douceurs inconnues
la blondeur de la nuit défaille en flots d'étoiles

II

Vers les seins pourprés de la fée de la fontaine
nous apporterons captifs les calices ;
aux lèvres pourprées de la fée de la fontaine
les rosées captives aux prisons des calices

Entre ses doigts menus faisons rire les roses
passons à son poignet des bracelets de liserons ;
la pourpre de ses lèvres entr'ouvrira les roses
pour doter leur calice de l'arôme des baisers prompts

Divine fée de la fontaine, ah, dites-nous les fleurs élues
les lys blancs comme ton doux col nu
les nénufars ruisselants à ton col nu

Voulez-vous plus douces des fleurs d'Hespérides
qu'au soir rosissant mènent les caravelles.
elles partent aux frissons premiers de vos réveils
et vers ta rade au soir viennent en flots de joie

Pour t'ensevelir de guirlandes
courons l'horizon des landes arides
cherchons les muguets aux trous lamés de soie
pleins d'herbes et d'ombres et d'éphémères joyaux de roi

Et les pas légers des fillettes en joie
s'égrènent en gazouils empruntés à la voix
que cadence aux jours élus la dive fée de la fontaine

III

La faune a bu les pleurs de l'Oréade

De garrulantes voix dans des buissons inattendus : Vos pleurs
sur le sommeil de ce cœur qui demeure et s'enclot et qui meurt
seront la bienveillance et la si douce angoisse

Vos rires, comme au passant mourant, la bouche de la Ménade
qui passe pourpre aux éclatantes joies des pampres ;
et des pans de peaux de fauves jouent à ses membres
et vers sa bouche et la fraîcheur de la grenade et la fraîcheur de la
[framboise

Maturité de vos seins, en vous penchant vers lui
dans le songe indistinct de féeries vous avez lui
comme claire robe de lune en opacité de nuit

Le faune a ri les joies tendres de l'Oréade

Chansons d'amant

IV

Quand le roi vint à sa tour
la belle vint lui dire — Ah, Roi

Ni les épouses de tes vizirs qui s'entr'ouvrent sous tes regards
ni les lointaines exilées qui pleurent les forêts barbares
ne dénouent les inconnus que dénouent mes bras tour à tour

Loin de toi souffrir est dur aux fleurs de l'âme
l'âme pâtit d'appels inutiles et languit;
ce coffret de saveurs à toi, mon corps, prends-le pour toi
que tes mains bénissent mon front incliné

De la tour le roi répondit :

Ce rêve que tu vins tendre tes lèvres courtes
toutes les âmes de mon être l'attendaient en habits de fête;
pour tes lèvres et l'escorte de décors de ton rêve
les tapis sont prêts et les lampes veillent et les vœux attendent.
que tardais-tu, en rires perdus, où dormais-tu

Quand le roi dormit sur la tour la belle triste frissonna :

Si tu ne savais pas que c'est errance et trêve
le pauvre instant d'amour endormeur du remords
je sais qu'il lui faut être unique et comme en rêve
et je vais vers les ombres apâlies de la mort

NUIT SUR LA LANDE

I

Tous les printemps sont revenus vers sa démarche aventurine.

Alto de la voix, cœur du regard, choral de la bouche
ah quel désir encore me dure
vers cette bouche ;
cœur en débris, cœur en torture
quelle douleur encore te dure
vers cette bouche.

Sous les averses des soleils, les mystiques tambourins
devant ses pas heureux, psalmaient annonciateurs
et les bannières des nuées et les aromes de la mer
et les voiles, grands lys de mer et les calmes de la mer,
et les senteurs des haies, et les cortèges en ferveur
préparaient les portiques à sa démarche aventurine.

Les dictames et les enfances
vers vous
comme arondes aux ciels en fragrances
vers vous
sous le fouet des mémoires de votre marche
vers vous
voletaient et ployaient vers l'arche
de vos yeux à vous.

Dans l'attente de son sourire
les matins paraient les villages ;
en l'attente de ton visage
les coteaux vêtaient des courbes de sourires.

Et devant ta beauté sachant qu'il faut souffrir
les automnes sacraient leurs forêts de douceur
près des sources en miroir de douceur,

Et pour sauver les âmes des passants
les âmes et les sens qui vont à ta ferveur
les hivers avaient des calmes annonciateurs
que parfois ta beauté passerait calme et sans sourire.

II

Dans l'abîme des soirs en incendies
tes larmes qui sont des armes
sont tombées sur les tombes enfouies ;
des tombes il éclot des fleurs de douleur
et les parfums, des gestes de ta main
et la couleur un bienfait de ta main
et la pâleur ton geste à demain ;
de ton geste à demain s'essore la douleur.
ah ton geste inclinant tes aurores.

On mourait au fond d'or des basiliques amples
des tourmentes d'odeur douces s'exhalaient de tes rampes
aux faîtes des tours des attentes de langueur
les haltes florissaient en larges reposoirs
en des gaînes de velours des couteaux dormaient en tes soirs
et sur l'âme des pierres planait un regard lourd.

Les bras de tes statues disaient : « Demain, demain
attendez l'heure proche des lèvres sur nos mains
le bonheur est minute et la mort est minute
les tocsins de vos nerfs résonnent à la déroute
la route de vos folies si simples s'éjouit
vers les flacons d'espoir que tarit la minute
attendez l'heure proche de tes lèvres à mes mains.

En quoi tu m'as blessée je n'en sais rien mais viens !
je suis la ligne, et l'âme, et l'heure !
et que veux-tu du rêve ou de la chair mais viens
je suis la tienne et la douleur.

Pleure mes marécages mais viens à ma douleur
l'éventail de tes paroles rafraîchira mes crépuscules
quelle mort marmorise vos cœurs et qui recule
en toi, devant l'effort perennel de ma douleur.

Défaille.
mes bras de marbre te seront des coussins
les paumes de mes mains te berceront d'aumônes
défaille vers les senteurs qui fleurissent à mes zones
ah l'aimé, viens en joie, mes jardins sont ouverts. »

L'ombre s'amoncelle aux pâleurs sur les terrasses
et fait éclore plus doux les flambeaux près des vasques
où rient comme un réveil de sa voix
les panaches virants des fontaines ;
la ronde des fées et des masques,
d'opales génies s'accoudent à ses terrasses.
des ballets dansent sur ses dalles.

*

III

Ta tristesse inconnue dans tes yeux, si loin dans la foule
et n'y pouvoir porter les paroles des baisers
et tes yeux mes bonheurs, soleils dans la foule
et n'y pouvoir dormir à l'ombre de tes cils et les baiser.

La magie de ta nuit brune et pâle qui demeure
hors mes mains et ma voix et le levier de mes fois
et ce perpétuel présent et cet hier si autrefois
en ce passé sans date où le cercle de tes bras seul demeure.

Et ce cher rêve de ne jamais mourir en toi
et la mémoire du parfum qui ne peut s'abolir en moi
oh vous, tous les instants, toutes les lignes, toutes les joies
baissez vos lèvres à moi; venez dormir en moi.

I V

Rien ne m'est plus que ta présence
et les courbes souveraines de ta face
et les portiques de ta voix ;
rien ne m'est plus que ton attente.
La halte inutile du temps
avant le frisson qui m'attend
et le charme de mes mains sur tes seins
rien ne m'est plus que ta présence.

De tes beaux yeux la paix descend comme un grand soir
et des pans de tentes lentes descendent gemmés de pierreries
tissés de rais lointains et de lunes inconnues ;
des jardins enchantés fleurissent à ma poitrine
cependant que mon rêve se clot entre tes doigts,
à ta voix de péri la lente incantation fleurit,
imprégné d'antérieurs parfums inconnus
mon être grisé s'apaise à ta poitrine
et mes passés s'en vont défaillir à tes doigts.

Aux terres désertes du bonheur, nous demeurerons immobiles
les regards enfouis dans nos yeux : dans l'île
l'île imprévue, sans rade, sans mer et sans abords.
Au temple de ton geste mes vœux annelés d'or
baignés dans l'infini des yeux las de l'idole
rêveront des blancheurs, des pourpres et des hyperboles
pour dire l'oraison de ton repos dans notre soir.

V

Toi qui m'as désappris la douleur
sirène qui chante à la rade la meilleure
je tresserai pour toi les âmes de mon âme.

Fleur de l'ardent épithalame
temple où j'aspirais du seuil de mes tentes
je te bercerai des légendes de l'attente.

Au portique de ta beauté
je suis venu chargé des toisons d'aurore
brodées loin des yeux, de toutes les flores.

J'en ferai les tapis pour ta sérénité
et si l'heure chagrine attristait votre front
je le caresserai des aubes de ma passion.

VI

Des chevaliers qui sont partis
dès longtemps, pour plus loin, par la vie
des chevaliers qui sont partis
dame, savez-vous morts ou vies?

— Ils étaient droits sous la caresse
de mes yeux leurs yeux noirs pour la vie
ils étaient fiers sous la caresse
de mes yeux leurs églises pour la vie.

— Ils partaient en douce croisade
pour longtemps, pour plus loin pour la vie
ils partaient chercher l'embrassade
d'une mort plus fraîche que la vie.

— Des chevaliers qui sont partis
vers mes yeux, leurs yeux noirs, pour la vie
des chevaliers qui sont partis
passant, savez-vous morts ou vies?

Philtre de mort et nuit sur la vie.

VII

Ilot des lacs au fond des bois
cœur des fleurs élargies dans les soirs
tours d'ivoire et sons de cor aux clairières des bois
divans dans l'éventail des anciens soirs.

Chœur des captives énamourées
vers l'orée, l'arcade qui se dérobe au loin des pas
les bois troublés qui fuient et passent
et les allures des anciens cœurs énamourés

Et l'Eden attristé et les heures dans les soirs
et celle qui pleurait sans douceur ni nonchaloir.

VIII

La nuit c'est l'absence et la nuit c'est la ville
c'est les regards clairs et les blondes grèves à leur front
la nuit c'est le caprice épars de leurs sourires.

La nuit c'est la caresse lasse à l'amant las
la chanson désapprise et rapprise, et reprise
et des lèvres en valves qui miment et frémissent

Et le manteau qui sèche à l'âtre
et le silence aux plis d'ombre à la pénombre
et le nombre oublié qui rêvasse à la chambre

Et parfois une étoile palpite comme en tendresse ;
l'ambre et l'ombre d'un corps revêtu pour toujours
qui tressaille aux plaies mortes et doucement tenaille.

IX

Dans des rêves clos j'ai bâti mon rêve
rêve de brèves sèves au jardin magique
magie des fleurs closes aux rêves nostalgiques
aux jardins d'été j'ai bâti mon rêve.

Aux jardins d'automne j'ai vécu mon rêve
le cœur de mon rêve saignait dans les années :
ah d'ignorées partances et de venues inconnues
l'oripeau de mon rêve gisait à mes pieds nus.

Au désert d'hiver je suis mort en mon rêve
essor découronné vers les brèves sèves ;
au seuil du jardin, glaive emphatique et nu
un sourire connu, fleuri dans les années.

X

*J'ai mal d'amour tant violent
que nul mal ne le saurait guérir.*

*Drapeaux qui flottiez que pensifs aux hampes
couronnes qui jaillissaient que fanées aux tempes
et gongs de la fête, votre silence*

*Etreintes qui lassiez l'heure magicienne, vous lassez
voix d'aurore, et qui encore à votre murmure s'est passé
étendue la voix de tes roses aux chants passés tout est lassé.*

*J'ai mal d'amour tant violent
que nul mal ne m'en saurait guérir.*

XI

« *Moi la bacchante et le grelot*
le creux, le sonore, le falot
je sais en ta mémoire des temples à ma gloire.

Quand tu verras des yeux ce seront mes yeux
et ton sommeil hanté du rêve de mes yeux
les pourpres ce seront les regrets de mes lèvres
les ors un écho lointain de ma voix
tes joies la mémoire retrouvée de mes fièvres
ta voix le bruit futile des souvenirs qui sont moi.
Comme une mer du lent reflux de mes baisers
paresseuse je balancerai sur tes douleurs ma calme beauté
la mémoire de mes baisers sera ta gloire et ta beauté
comme les mers qui sont mortes en mes profondeurs je t'ai gardé
je ne puis plus t'aimer — car tu n'aimas que moi. »

XI

Comme un faible plant des profondeurs du mystère
  aux confins des dunes grises
  sous l'obscure caresse de brises
énonçant mal comme une douleur d'ères
  la pauvre face pâle lentement s'élève.

Dans l'horizon aux couchants apaisés
  aux pâlissements d'ultimes escarboucles
des vacillements derrière des brocarts transfigurés de feux calmes
  pâle la face stagne souffrante.

Sur la face inoubliable
les rires dès longtemps passés
les sourires aussi les pleurs ;
c'était le refrain désolé
des peupliers au paysage morne des douleurs
sur cette face, qui demeurait.

Elle n'était ni sombre ni claire
ni proche ni reculée
c'était très loin, très près, comme un miroir, comme un écho
une vibrance plus qu'une face
un blanc halo
triste autour d'un regard fixe en des passés.

Ni près ni loin
nul escalier
comme à la terrasse d'une tour par miracle détachée
voguant aux atlantiques d'un ciel d'hiver
comme une barque indiscernable
fixe et sans glisser
comme un astre interdit
la pâle face.

SOIR PAR LA VILLE

I

La rue, comme un tapis de pauvre, étend
sa lenteur longue et ses fanaux pâles.

La rue, comme une lagune, étend
de vagues silhouettes comme barques en désolation.

Ah, lointaines, les Afriques et les Palestines.
La rue pâle s'échoue dans la brume d'Occident.

II

Dans quelque apparat de cloisons peintes
auprès des coupes, et parée de violettes, diaprée d'hyacinthe —
comme sa voix derrière le vitrail auré resplendit.

Dans un hiver royal des pourpres et des ors de l'âtre
dans un apparat de règnes au théâtre
et devant tant et qui, son masque mobile resplendit.

III

Pâle efflorescence de sèves
mémoires des drapeaux d'adolescence.

Dans la grise désolation des grands murs
par la courbe monotone de la rue plate
dans la tristesse et le gel liquide de la rue plate
mémoires en triste efflorescence
vous rêvez les automnes mûrs.

Ces passants sont éphémères
en la minute et l'éternité
qu'importent leurs pas arrêtés
et le vol bref de leurs chimères.

IV

Le hall de fête, malgré les trèfles et les lys de lumière,
le hall aux musiques lumineuses —
s'endort en murmures une canzone de temps lointains —
le hall de fête est désolé malgré les présences nombreuses —
Sommes-nous dormants pour le lointain des temps.

Dans les brassées d'épis et les gerbes de fleurs de lumière
passe ondoyante la mascarade rayée de printemps —
Résonne à pas lourds en nous, le pas de bronze
le pas de conscience aux durs frolis d'armures —
Dans les brassées d'épis joyeux et les tapis de fleurs lumineuses
sommes nous dormants au miroir d'anciennes années.

Pourquoi crépusculaires vos yeux de fête, jadis l'ombre des midis —
Le hall somnole de triste enchantement.
les magiciennes pleurent le départ des amants
et les mages l'irréductible ballet de vos jouvences —
Pourquoi nocturnes vos cheveux sur le front jadis éventails des midis.

Ah voici le regret des midis et des soirs frais —
Te souviens-tu, les nuits lactées sur l'eau du fleuve —
les lampes du hall en fête tremblent comme des veuves —
Ah voici les mineures des musiques de fête —
magies et magiciennes, âme du mage — ancienne journée.

V

Je rêvais d'un oiselet
qu'un enfant cruel torturait
pour sentir palpiter ses flancs.

Je rêvais d'une terre comme maternelle
avec des siestes d'ombre et des frolis d'ailes
et des allées de rêves blancs.

Je rêvais comme d'une sœur
aux lèvres uniques de douceur
et belle et chaste et femme et sœur.

VI

Tendresse, paradis doux dans les navrances,
sur mon âme tu t'accoudas et regardas
si dans la troupe des cauchemars assoupis là
n'était quelque fleur pure dont chérir l'enfance

Tu vis les âcretés des soupçons et puis les morts
les morts accumulées et puis des cœurs vivants
traînant languissamment leurs requêtes d'un corps
et des stigmates de douleurs et des essences de chagrins latents

Et puis la nonchalance après l'inutile départ
et dans l'âme morbide et languide, nulle part
la place pour poser ta tête calme
et répandre au patient la bonté de ta beauté calme

Chanson d'amant

VII

Vols éployés des migrateurs, ah vols,
vols vers quelque nulle part envolés,
envolées vers plus d'ombre et de repos sous plus d'arbres
arbres aux feuilles plus bénignes, ou plus de vols
de calmes tourterelles ou d'oiselets de rêve
se posent en repos de pattes roses
vols épars dans les automnes qui se parent
comme du charme d'une mort factice d'âme sans alarme
sous les larmes muettes des cieux plus graves en leur rêve

Vols aux muettes rapidités
Gyres des mouettes autour des phares,
vols répercutés
au ras du sommeil des mers et des cathédrales des cités,
vols en silence percés d'une strideur de fanfare
que les vieux guides les plus blessés
poussent en passant sur le front des cités
où les douleurs de leur mémoire s'égarent.

Ah tristesse! passer et repasser.

Si par quelque ciel sous un soleil plus élargi
les micas du soleil appesanti sur la lande
                        étendent
un manteau d'oasis plus languides sur la léthargie
des landes en semis de pauvres tentes,
            ah ! si quelque Floride
vers les bâtons brisés et les pas appesantis
            des voyageurs en tristesse lente
mire le reflet des fontaines de jeunesse pour leurs rides
            il n'est qu'erreur et lumière en magie.

            Ah ! tristesse, passer et repasser.
La vie d'ombre près du soleil et le sommeil en léthargie,
la vie qui meurt à tout pleur et douleur qui dure un pleur,
la vie d'ambre d'une heure qui fuit vers l'aride des rides,
la vie vite époumonnant l'étalon sans brides
            Ah ! toute semblance de vivre,
sur le fonds morne d'une heure éphémère, passer et repasser

        Vols migrateurs, vols vers la mort,
    regrets de tant de lenteurs vers la dernière mort.

VIII

Sur la ligne sèche de ta beauté, j'inscris
qu'harmoniques les lignes aux sections d'or
dont nul ne connaît la raison d'être
et dont l'effort aux incertaines manières d'être
reste sans voile
et sans que la requête ardente d'humain puisse connaître
en quelle coupelle, de par quel dieu temporaire, en son être
Telles naquirent ces lignes,
et sous les coloris de la nuit et de la nue et de l'aube,
plus dignes du regard que les étoiles
et les instincts sauveurs de la vie,
ces lignes
dressent leur petit temple infini dans ma vie
et que tel phénomène, en ma conscience, survit.

Que la lumière qui défaille en mes prunelles,
prunelles mortes d'avoir vécu sur ton reflet au puits de mon moi.
et clairvoyances déchues d'avoir entrevu les différences
    entre ton être et les ambiances ;
Que la lumière éclose sous le dais de ta paupière
    en son éclat de fleur impersonnelle
plonge l'âme qui dans mes prunelles s'en vient à sa fenêtre
    comme en un songe d'un immense désir d'être
        et d'un regret de n'être plus.

    Que tes lèvres demeurent la saveur habituelle
        à mes lèvres sevrées par l'orgueil,
        à mes lèvres scellées par l'oubli,
et qu'à celui dont les rêves clos ne s'ouvrent plus à la vie habituelle
        il n'est plus qu'un seul fruit,
    le dernier à qui ses enfances encore firent accueil.

Que tes joues sont l'étendue possible et la plaine où se jouent
        les voluptés des doigts tactiles,
Que tes joues sont l'étoffe exquise et la chère en délices
        où s'émeuvent les gazes de mes lèvres
           que les fièvres
qui seules peuvent émouvoir le corps aux ressorts trop appelés
sont ces nitides plaines de chair claire et d'ambre dense,
        promenade hors des lèvres
        landes autour des yeux
        domaines et transparences.

63

Chansons d'amant

Puis, sœur qui t'éperdues aux joies faciles du vivre,
O vous dont toute joie se joue dans l'apparence
et dans la joie d'être par le hasard la jouvence,
et par l'art l'émerveillement des soirs du vivre,
Parfois soit par hasard des lignes ou par souffrance
brève, et qui se résout dans le rire et le sourire,
j'ai vu sur ta face se passer la douleur
et les manteaux des rois tristes qui s'accoudent à d'autres poles
        se posaient sur tes épaules
et des regards plus profonds que les leurs adjuvaient les splendeurs
        des joailleries de tes prunelles
        et sur ton front comme des ailes
des ailes de crépuscule en souffrance de connaissance
        venaient battre au plus beau palais
        leur muet cantique de désespérance.

IX

S'il n'est rien de plus que les lignes de ton masque,
rien de plus qu'un cycle d'immémoriale beauté
Dans les architectures mobiles de ta face,
S'il n'est rien que tes lignes, et tes parfums et tes nuées.
S'il n'est que ton paysage et l'éternelle Psyché
et la halte identique aux mêmes fatigues du temps en marche,
si seule ta retraite est la crypte et l'arche
et la fontaine rafraîchissante à l'unique vasque,

S'il n'est rien que toi-même, et tout toi, et toi seule,
toi seule solitaire en un désert sans horizon
et pas d'autre apparence à travers les dunes d'illusion.
         Ah ! fuir vers les tribus en marche.

X

La rue comme un regret sans fin s'endort,
et les pas lointains s'en vont comme à regret. —
Dans l'heure en brume et sans décor
Les âmes tristes prennent le pas plus lent de la douleur et du regret.

Dans les lointains précipités les roues bruissent au plus vite,
c'est plus de douleur dans un regret sans essor
et personne n'est plus qui se souvienne, ni plus vile
mène une joie de marche vers un divan de meilleur sort.

La rue comme une plainte oscille dans la brume.
falotes les lumières en espace, et sur les places
comme des déserts de cœur s'étendent et regrettent.
Les pas plus lents se meurent de mémoire et de regret.

LIEDS

I

Si pâle il est venu, que ma sœur pense
« n'a-t-elle pas bu son sang, son âme et sa fiance,
                    et n'est-il pas
l'ombre de ses sandales et la trace de ses pas. »

Si pâle il est tombé sur ses genoux, que ma sœur pense
« de quels rêves en pourpre et nefs en fleurs et rires d'enfance
                    n'honorera-t-il pas
le déclin des yeux miraculeux sur son front las. »

Si pâle il est parti, que ma sœur pense
« vers quelle tempête, quel paradis, quelle sinistre accoutumance
                    trouvera-t-il pas
quelque douleur involontaire et plus douce que ce lent trépas. »

II

La mienne est belle ainsi que des vols de parfums —
l'autre jour c'était comme fleur qui s'ouvre —
La mienne est belle comme chairs d'anges en printemps —
C'était l'autre soir tout le soleil sur mon cœur —

les lèvres de la mienne sont la seule caresse —
les parcs spirituels se parent sous ses lèvres —
Dans la clameur elle est le temple et dans la foule l'horizon —
l'accueil de la mienne, la bonne saison —

C'était l'autre matin dans sa tristesse la nuit d'hiver —
la voix de la mienne la féerie des sons —
C'est pour la vie toute comme fleur qui s'ouvre —
la mienne est belle ainsi que la résurrection. —

III

Ah ! ce bonheur si douloureux, pourquoi ?
Tête victorieuse, pays des fées, matité reine,
piscine d'absolu, liens des baisers, dits de la reine,
ah ! pourquoi cette âcreté de vos bonheurs, pourquoi ?

Voile du néant, idole de toute gemme supérieure,
fin des mots bégayés dès les enfances et les erreurs,
clef qui peut fermer la blessure de vivre ou rouvrir
les labyrinthes des terreurs vaines et aberrantes souffrances.
o vous, tout, cette âcreté de vos bonheurs, pourquoi ?

Et vos charités qui sont âcres morsures,
et vos pantomimes simulacres du divin,
et toute féerie qui rit à tes soupirs en réveil,
vermeil horizon, seule destinée, ultime blessure,
cette âcreté de tes bonheurs, pourquoi ?

71

IV

Filles de Bagdad qui partez en mer
sur la nef aux rames blanches
les pèlerins tristes pleureront amers
près des rosiers aux cent roses blanches.

« Pour avoir laissé les pieux pèlerins
se baigner dans nos yeux noirs,
nous nous en allons vierges veuves éplorées
dans le destin noir. »

Filles vous alliez gaies à la fontaine
dans le sourire clair du soir,
filles vous veniez gaies à la citerne
sous les torches d'or du soir.

« Las les pèlerins qui venaient de loin
pour se baigner dans nos yeux noirs
Ils diront de nous : les douces infidèles
nous abandonnent aux destins noirs. »

72

Leur nef qu'on para de cent roses blanches,
  leurs rames guirlandées des joies des horizons,
Les esclaves parés aux couleurs de leurs visages
    et leur pilote, le plus sage,
les mèneront aux terres blanches comme avalanches.

" Las, la nef sans pilote ni cordages
s'en ira sombrer vers les horizons
et les pèlerins ne sauront pas l'orage,
    l'orage de nos destins. "

73

Chansons d'amant

V

Il est venu puis reparti ;
je le sais, son cœur grave pâtit
depuis l'instant qu'il est parti

J'étais folle comme une enfant
et je jouais comme au volant
de ses graves douleurs d'amant

au détour de la route encor
il voulut élever son cor
vers ses lèvres, pour l'adieu encore

mais il laissa tomber son bras
et lentement se détourna
et le détour de la route l'emporta

Quelle introuvable route me ramènera
celui que j'attends pour tomber dans ses bras
et chasser de mes baisers le souci qui l'enténébra.

VI

Choses vindicatrices, passés cruels, ombres passées,
sur le maintenant peureux vous vous vengez
et détruisez en sa fleur pâle le bonheur triste.

Passés, vous dressez devant l'élan désespéré
le mur de ouate, le mur de brume d'autres défaites ;
mémoires, vous redites la nuit froide, les soirs de victoires,
         les soirs de victoires inutiles et futiles ;
mémoires, vous défaites d'un doigt lassé les colliers de fêtes.

Ombre, vous vous levez et dites : c'est encore moi,
le même moi tant caressé et dans mes tresses les mêmes émois :
mes mains de nues comme autrefois
descendront vers ton cœur profond
et ne se poseront qu'à ton front
pour l'essor d'un fou désir orienté vers autrefois.

    Ah ! regards inutiles, vous redites
le même lent accueil au seuil de mon palais,
      le palais vacillant vers les ombres passées.

VII

Le page Kunrad s'est évadé
pour rencontrer sa destinée —
ta destinée souvent s'enfuit.

Il gravit d'inutiles calvaires
vit les jongleurs et les trouvères
galopa par monts et par vaux

Souvent exilé des rivages
il ne vit que le ciel et l'eau
et puis les vagues de la mer

Il vit l'alcôve de mirage
il embrassa des lavandières
des filles de roi, des bergères
de maintes lèvres il fit conquête

Mais, sous des drapeaux de nuages,
sa chevauchée et sa requête
inutiles vers la conquête
suprême de sa destinée

Un jour, au coin du chemin
Elle est venue baiser sa main —
la destinée toujours revient.

Lui lava ses pieds lassés
puis elle essuya de sa face
la poussière des chevauchées

Elle ôta ses belles lèvres
son teint mat, ses mains de fièvres
elle ôta son corps de fée

Puis prit le page dans ses bras
et lui donna un seul baiser
qui le vieillit de trente années

D'une caresse de ses mains
elle lui décharna la face
et le frappa de cécité

Au pont de l'Ill la charité
de ceux qui dans les jardins vont aimer
nourrit parfois le pauvre aimé.

VIII

Ta beauté, ta beauté, ma sœur, qu'en as-tu fait
Elle a glissé dans l'adversité
Mon frère, mon frère, mon âme qu'en as-tu fait.

J'ai cherché le pur miroir où refléter ta beauté
ma sœur, ma sœur, ton âme, qu'en as-tu fait,

J'ai gardé ma face royale
mes amants et ma probité
mon frère, mon frère, ton âme, qu'en as-tu fait.

J'ai gardé ma face loyale
mon manteau et mon épée
mon âme, mon âme, ma sœur, qu'en as-tu fait.

IX

L'aube revient, riche et parfumée
Le ciel, vers son sommeil, se revêt d'écarlate
Mai, les mains pleines de fraises et de muguets
bénit les pauvrets, dont les cœurs battent

Quelqu'âme garde ses cicatrices

Les agiles baladins, pimpants de pourpres dalmatiques
sur tréteaux et tremplins
la fée les mène de sa batte
Comme cygnes ondulants aux étangs galants
aux joues claires des caresses s'adressent
Tels d'incorporels séraphins les regards d'amour vibrent vite

Quelqu'âme garde ses cicatrices

En elle comme en moi qu'il lui soit pardonné —
de danser à ravir les étourdit si vite

Mon âme garde ses cicatrices.

X

Au paradis sur trois trônes blancs
sa grâce et son enchantement
et ses suprêmes attitudes
Lors vient l'âme en détresse
qui ne peut que douloir sans cesse
et plus douloir

J'avais mître dorée et manteau de velours
j'ai cilice rouge pourpre qui arde nuit et jour.

Si je revenais sur la terre j'habillerais ses pauvres nus
je soulagerais sa misère d'une couronne à son front méconnu

Aux brousses de ma terre d'autres pauvres sont venus
Demeure en ton enfer, à jamais à toujours.

Au paradis sur trois trônes blancs
sa grâce et son enchantement
et ses suprêmes attitudes.

XI

Roi, le sol de la patrie s'allume en désastres.
Tes vignes, tes figuiers, tes oliviers, des tas de cendres
  Parmi les lances des vainqueurs, au long des ravines, on voit descendre
les filles des nomades en files prisonnières.

        J'ai vu tes gardes prisonniers
          les chétifs et les captives
            jouaient d'agrandir leurs blessures

Les esclaves du camp barbare taillent des pagnes dans tes bannières
les carcasses des chevaux d'armes pestilentent les eaux vives.
Ta citadelle, ses murs ont voleté comme feuilles mortes
mais deuil plus grand; encore je t'apporte

        La reine a suivi les vainqueurs?

        Elle pend au col d'un muletier
          seul intact lors du désastre
            leur allure rapide emporte leurs cœurs
              vers les villes de foule aux cachettes sûres.

XII

.

Dans la salle aux vitres sur la mer
Les rois sont assemblés à la coupe éternelle
      Dans la salle au plafond d'étoiles.

Un douloureux d'avoir tant bu que l'on emporte sous un voile
Un qui trébuche et que l'on cache sous un voile
      Un qui meurt, et qu'on emporte sous un voile.

Et vers le seuil où plus morne se clot la porte

      les regards des rois un instant distraits
mais ils demeurent auprès de la coupe éternelle
      dans la salle aux vitres sur la mer.

XIII

Je sais des pas qui sont passés
sur quelle souffrance ils ont passé,
eux seuls l'ignorent et sont passés.

Je sais des chansons oubliées
oubliées de qui me les apprit
oubliées de mon cœur qui cela seul apprit.

Je sais des landes désolées
des friches incultes pour l'éternité
l'éternité des éphémères prêts à s'exiler.

XIV

Je t'apporte, ami, mon cœur meurtri
le sillon des pas sur mon corps et sur mon âme
la grâce déjà promise, départie et reprise
et la caravane des triomphes que ta pensée blâme.

Je te donne, amie, mes lèvres vieillies,
les rides de mon front découronné par d'autres
et le banquet d'un cœur où l'on attendit l'hôte,
l'hôte inconnu porteur de joies épanouies.

Je t'apporte, ami, la brève compagnie
d'un cœur en oubli, d'un cœur en folies, d'un cœur en voyage
paré pour des minutes vers les baisers du mage.

Je t'apporte, amie, la triste solitude
d'un cœur en soupçons, d'un cœur en souffrance, d'un cœur en débris
dont les préludes de fête et les bruits de bal sont enfuis.

XV

J'ai mémoire de forêts
de forêts en parfums,
de parfums en folies
épandus sur des clairières si jolies
que les bêtes des forêts y brament d'amour inguérissable
d'amour, sans cause, sans but, inguérissable.

Les candeurs fraîches et les brises frêles
s'entrelacent en danses de rayons ;
aux sons adoucis des cymbalons
se jouent des âmes neuves
fêtant l'éclosion fraîche
de nouvelles déesses aux beautés nouvelles.

Indicibles caprices d'un soleil amoureux
des naines miraculeuses, s'éploient, se renouvellent,
ah telle douce clairière des bois
à ce baiser d'un soir, miroir,

XVI

Perdu dans le bois le plus sombre
je croise mes bras sur ma poitrine
et je regarde monter l'ombre
de mes pieds à ma poitrine

Pourra-t-elle couvrir d'un épais manteau
la blessure de ma poitrine et le couteau
qu'un pur matin
douce et mystérieuse d'autres délices
Elle m'enfonça dans la poitrine et s'enfuit au loin,

Pour sortir du retrait le plus sombre
je trouverais le chemin
ses yeux froids m'ordonneraient la tombe
je frissonne en vain.

XVII

La minute d'oubli fut si douce
Des yoles enrubannées de satins feu, de satins rouges
fendaient les vaguettes où dansaient les ondines argentines
menues comme un geste et claires comme un baiser
       Il n'est merveille que soleil

       Il n'est miracle que soleil
Les arches d'espérances et l'arcade du temple
s'emparadisaient de peris argentines
dans les sons vifs des cithares et des cavalcades en pourpre
       Il n'est oracle que soleil

       Il n'est remède que soleil
Des yoles les appels incantaient les départs
les départs pour plus clair qu'un baiser
pour plus vif que les danses de la cithare
       Il n'est d'oubli que soleil

XVIII

Mon pauvre amour, profond comme une mer déserte
vous vîtes autrefois les cortèges en joie
des navires revenus de la bonne découverte
tout chargés de lotus au cœur de soie.

Mon pauvre amour, ample et grave, comme soir d'été
Vous vîtes un couple, lèvres à lèvres, émietter
les psaumes des enfances soudaines et regretter
la minute si belle, car minute égouttée.

Mon pauvre amour, plus seul que la détresse
comme en un cachot dont la lucarne
montrerait au captif la fête qui s'en va,
mon pauvre amour, aimé de détresse et sans armes
Vous languissez dans la frivole et dure alarme
que ce mirage de la fête émigre en l'au delà.

XIX

O mon cœur que veux-tu, veux-tu les contrées natales,
le palais sur le morne pâle, où les cymbales
rythment le glissement de l'almée sur tes lèvres pâles
ô mon cœur, veux-tu, les contrées natales.

O mon cœur que veux-tu — sur les navires des émirs
t'en aller lointain, aux butins d'autres terres.
Veux-tu, par les cimes forestières, le monastère
où les frères s'entr'aident à guérir. —
ô mon cœur quel divan te faut-il pour dormir.

Donne-moi ton silence et ta mémoire
ta mémoire populeuse de sa face et de sa voix
la plus vaste salle de ton palais, donne-la moi
qu'elle soit obscure et solitaire
pour que seul avec ta mémoire
j'écoute sa face, ses vertus corporelles, et les horizons de sa voix.

XX

Ce mendiant dolent et creux, sans besace et sans bâton,
des feux et des fêtes qui s'écarte par la ville,
  ses yeux sont emplis des pampres à long plis
  drapantes de telle image au monastère
  devant quelle, dans l'ascension d'or des lampadaires,
  Il fut des ans, sur ses paumes et ses genoux épris.

  Son cœur guéri lui pèse et le plie.
  Ce mendiant, dont on raconte une couronne aux beaux fleurons
  et dans la digne dextre un sceptre pour bâton,
  son cœur guéri l'abandonne et le transit.

  Quand passent devant ses yeux inertes
  les cortèges des khalifes dans les fers des lances et les tambours de guerre.
  ou les pas lents des docteurs grandis des ombres des mystères
    Ses yeux restent inertes vers son ombre sur la terre.

Mais si quelque enfant descend à la citerne,
mate en un noir manteau de chevelure ondante.
comme un éclair plus fier que les bannières du khalife
sille en la nuit livide qui voile son mystère.

ÉVENTAILS TRISTES

1

Deuil empreint au silence des armures
Deuil empreint aux poussières des guitares
Silence d'un deuil aux logettes des murs
Deuil sur la route où les tard-renus si tard
       encore traînent leur fatigue
derant la route plus lointaine des pèlerinages fatidiques
       dont nul ne vient plus à ces heures si tard.

Accoudé sur l'appui de la fenêtre
et comme penché sur la margelle
d'un puits intérieur de paysage marâtre
aussi, sur la margelle d'une nature marâtre
dont les grands lys et les grands chênes et les purs êtres
sont, autour des puits sans fond de vaines margelles
cette face de page, aux yeux, morne fenêtre.

Chansons d'amant

Dans les nudes, si lointaines, si précises
dans les nudes du ciel irréel
le cortège des pourpres et les caprices des bleus
        s'inclinent à l'impératrice
reculée vers les glaciers du ciel irréel
parmi les froids confins des glaciers bleus.

Et vers le sommeil silent des armures
et le sommeil silent des guitares
sur les pourpres d'un tapis silencieux s'endort
quelque féerie de chair en un songe d'encor.

Les jardins furtifs des cieux solitaires
s'en vont et passent au-dessus des vols d'oiseaux
les vols d'oiseaux passent au château solitaire
par-dessus le silence des fossés et des eaux
le silence des routes monte au solitaire
qui ne voit ni le ciel ni les oiseaux ni la taciturnité des eaux
la femme étendue garde clos son tombeau
son tombeau de chair, son tombeau de regards clos.

II

Vous, n'entendez-vous pas :
d'enfance, tandis qu'ils dormaient dans l'étable
où des bras pieux et frais les berçaient
vous, n'entendez-vous pas sur le sable.
  venir les Rois
qui parcourent les crèches des étables
pour bénir les nouveau-nés qu'on berçait —
les Rois n'entendez-vous pas leurs pas.

  Vous, ne savez-vous pas
qu'ils leur laissaient l'épée aussi le baudrier :
  une baguette de coudrier
pour évoquer les songes sous leurs pas
parmi les forêts florales et les buissons fruitiers des cépées
vous ne savez-vous pas
qu'ils laissaient sous leurs pas
les cailloux blancs hérauts muets de la cépée
où les nouveau-nés trouveraient dormir la petite fée.

Vous : ne croyez-vous pas
qu'à quelque détour
des routes où lamentent les déshérités
à quelque angle de murs saillant de tours,
          pour les déshérités
les Rois parrains appelleront de leur voix de bonté
          ceux qui souffrent sur la route
et leur donneront encore
l'épée le baudrier et la baguette de coudrier
puis les mèneront où dort
oublieuse depuis tant de journées la petite fée.

Vous ne savez-vous pas qu'ils ont mis près des berceaux
une idole aux traits lointains, une idole sans parole —
mais si les Rois parrains l'ont mise près des berceaux
c'est qu'ils viendront chercher et guider de leur parole
ceux qui attendent dès heures du berceau.

Ils les sauront vêtir
comme eux dans les âges
les munir aussi des paroles de sages
qui, dans les temps anciens, pouvaient nourrir
tel aventurier en route dès les âges ;
ils leur sauront parler dans son rêve sur la route
leurs pas sur le sable quand ils furent nouveau-nés
le pas de leur parole qui sait nourrir
     faim et calmer la soif et faire dormir
les aventuriers tombant au long des routes.

Pour nous nul n'est venu
      le soir en orage
chassait loin des villages les Rois —
on guérissait l'épave de barques en naufrage
des soirs où des souhaits attendris attendaient les Rois
le silence plus profond qui suit les nuits d'orage
gardait nos berceaux loin des yeux des Rois.

III

Est-ce Détresse qui frappe à la porte
non c'est un cadavre qu'on emporte
        loin de nous
vers le moutier où prient à genoux
        les reines mortes.

Est-ce l'Épouvante qui frappe à la porte
non c'est un bruit de choc d'épées qu'apporte
        le rent furieux de cette nuit
des cavaliers dont le casque luit
laissent leur sang couler et bruire pour l'âme morte
        d'un fantôme de reine morte.

Est-ce la Mort qui frappe à la porte.
        non sa course est occupée
à cueillir des âmes au passer des corps ;
à ce jour la Mort est occupée
à prendre les âmes et daigner les corps
que des lutins pour en rire vifs emportent.

Alors qui donc frappe à la porte
c'est le supplicié Souvenir
        avec son fils l'Avenir
tous deux si douloureux aux prunelles si mortes
qu'ils croient supplier que la mort les emporte.

IV

Voulez-vous un collier ?
Les pèlerins ont rapporté de la contrée des songes
des perles odorantes, endormies
        près des silencieuses éponges.
les génies de la mer en jonchaient leurs amantes endormies.

Les pèlerins ont rapporté de la contrée de la souffrance
des boules d'un bois précieux
les péris avant de revoler aux cieux
chantaient dans les grands arbres des forêts de souffrance
pour réjouir l'itinéraire des malheureux
et des arbres qui gardaient mémoire : ces boules de bois précieux.

Voulez-vous un bracelet
Les pèlerins ont rapporté de la dure captivité
les carcans des fers et les anneaux des chaînes
parfois auprès des fontaines
les vierges s'inclinaient devant l'autorité
        de leurs douleurs inhumaines
et les consolaient la lueur d'un baiser.

Chansons d'amant

Voulez-vous l'anneau des fiançailles
        les pèlerins les ont donnés
pour échapper aux épousailles
        des tortures en tenailles
Voulez-vous les anneaux et les colliers?
        ah! pourquoi m'avez-vous lié
        sous les tortures en tenailles
devant la foule de nos désirs d'antan qui raillent.

V

Tu pensais, pardon vous pensiez, à mon bras
les étoiles qui dansent au paradis sont moins distantes
les étoiles qui sont des signaux d'amants au paradis sont moins distantes
que ces vols d'oiselets nos désirs butant aux vitraux
dont, pourquoi, par quel hasard, nous avons clos nos vœux nouveaux.

Je pensais à votre bras : cette nuit
qu'elles ondulent ou crespelent
cette nuit répertoire des rêves qu'elles font mortelles
et qu'elles ont toutes, ses parentes
ses sœurs qui sur leur front portent la nuit —
pourquoi sa seule nuit sait-elle bercer mes bras
et rêver mes léthargies vers l'amante.

VI

Les trois filles au bord de la mer
ont vu passer la Vierge mère
le long des graves colonnades —
ah! d'où venez-vous Vierge mère

J'étais sise à l'avant du bateau
voguant par les autans des eaux
pour atterrir la colonnade
d'où vos yeux regardent la mer

Ah! Vierge mère vous êtes seule
votre blanche robe est comme un linceul
vous avez marché sur les eaux
pour venir à la colonnade

J'ai noyé pilote et calfat
j'ai noyé la nef et les matelots
parce que parmi les autans sur les eaux
ils n'ont pas su croire à ma miséricorde

Ah! Vierge mère nos chers sourires
à leurs cous serreraient la corde
jusqu'aux cris de miséricorde
qu'ils auraient poussés jusqu'au ciel qu'étoila
votre passage vers nos colonnades

Ah! d'autres mes filles aux miséricordes
ont cru qui dorment sous les eaux
j'ai noyé pilote et calfat
et seule hanterai la brève colonnade
ma blanche robe est comme un linceul
ah! que vos sourires ne se meurent pas seuls
laissez-moi bien seule sous la colonnade

VII

Tant que l'enfant me préféra tel joueur de flûte ou chanteur à la cithare
ou sonneur de cymbales au bal
peu m'importa
qu'elle aimât tel joueur de flûte ou gratteur de cithare

Au carrefour, je suis tombé frappé
frappé d'un coup d'épée
De qui? joueur de flûte ou gratteur de cithare?

que la nuit est longue pour mourir si tard.

VIII

Ses yeux disaient aux étoiles :
vous illuminez la nuit
et la cloutez de diamants sous ses voiles
mes yeux noirs sont sa nuit et son étoile
mon regard est son manteau

Ma gravité le couteau
dont je le perce à tout loisir
son âme est le manteau
où je sais blottir mes désirs

L'arcade de ma bouche est l'arcane
et la rade vers où ses désirs,
ses bravoures sont les vizirs
de mes rivalités avec vous, étoiles

.

IX

La lavandière, frappait, frappait
c'était, je crois, sur une image
empruntée d'un moi d'autrefois
la lavandière, tordait, tordait

Ah! des rancunes! pas une
qui ne soit revenue
pâle à la mort, ou écarlate
ou des stigmates sur ses yeux émus

La lavandière, tordait, tordait le clair de lune.
demain des enfants seront écarlates
autant que leurs lèvres émues
La lavandière, frappait, frappait.

X

Mad, vos pleurs en coquetterie, viennent bien tard —
Ce rendez-vous, c'était, tu sais, vers l'abreuvoir
où viennent boire les étalons et les onagres
Ah Mad pourquoi? devant moi cloué de clous
pleurez-vous

Pour que ces chiourmes et ces latins regardent
la mer de nuit de tes cheveux et l'atlantide de ta face :
ce rêve que la face qui souffre aux pieds de la croix efface
chez ces gardes la mémoire de faces
abolies dès les tavernes latines et les osselets derniers

Mad attristée, puis-je baiser tes pleurs, je suis cloué
Je suis cloué à la mâle croix — on m'a vendu
pour quelques sous ou défroques
Mad, j'espère venir les chiens de la mort et leurs crocs
s'enfoncer dans la sève intime de ma mort
Oh ces coquetteries regarde : c'est dès toi que j'aime la mort âcre

XI

Roi couronné, vous pouvez dormir : les galéasses
rêvent encloses de tièdes banquises
Vos marins jonchent des espaces
Sous les maigres ombres des figuiers qui frisselisent

Roi couronné, n'allez pas à vos balcons.
les Immatérielles Thulés
qui se jouent nues dans les nuages
sont d'un pire conseil pour un roi comblé d'âge
Ah! roi couronné vos faucons
où sont-ils envolés.

Tels aux Aigues-Mortes, tels aux Elbes vertes
tels aux oasis, tels en tels sommeils
les tartarets de vos caprices
agonisent aux vergues des galéasses de reconnaissance
Ah roi couronné, sur votre balcon, ces vieilles enfances

XII

Quand Daoud fuyait seul par les rochers
Les pierres de Semei hurlaient :
Daoud, ton fils
le sais-tu, accroché sous les palmes d'un palmier ?
Daoud ton fils,
Sais-tu qu'il est cible aux flèches des sicaires ?

Mon fils s'est réjoui de Thamar et j'ai souffert

C'est bien Daoud son père qui voulut Bethsabée
et Soliman son frère qu'embrasse la Sulamite
Daoud, ton fils
Les couteaux des mercenaires étoilent sa chair
Et ce fut un enfant qui riait aux sourires.

Daoud quand Michol te cachait dans sa chair
tu chantais à ses lèvres :
le tyran dont ma harpe somnole les caprices
le même qui roulut, que nu, seul d'une fronde
J'affronte le Goliath bardé de fer
et dit : ta fièvre
de méchant fou
suffit à faire un roi, ou la pâture aux corbeaux des airs
Le tyran dont la rare parole menace
Les seuls désarmés des mémoires d'anciennes victoires
ô toi qui me protèges de ta chair
tu lui dirais : Laban a voulu quatorze ans
les esclavages de Jacob, mais les ans
laissaient à tous printemps refleurir Jacob.

Arrom quand son bras sur le résigné
se baissait armé
entendit la voix lointaine des déserts.
« Agar seule est penchée sur son fils qui meurt au désert
Ils ont laissé les tentes vers où les cuisines prêtes
abondent de moutons et de bœufs qu'on dépèce.
Ils ont cherché des gouttelettes par les sables
et des brindilles de fleurs
et les sauterelles des sables
pour construire un feu clair, calmer leur soif et leur faim dans le désert.

Et quand les dix frères rendirent l'aîné de ton âme
pour, on dit, soixante deniers
tu gardais son portrait en chair, ton Benjamin
le dernier
tes esclaves te portaient aux vérandahs de tes tentes
Et quand le soleil s'endormait la même attente
te menait chaque soir aux horizons déserts
d'où peut-être viendra-t-il demain.

Daoud, ton fils qu'on assassine,
Thamar pleure à ses pieds, avec la Sulamite
Le soleil qui s'endort, dore ses plaies
et ses yeux bruns ternis pensent l'aurore que lui préparent
Ismaël, les Madianites, et Myriam, et Agar,
Ton mourant te plaint, roi découronné
Roi que des pierres de passant assassinent

Et Daoud pleurait sous les pierres de Semeï
car tout châtiment, l'homme à lui-même se le prescrit ;
Semeï, ce bandit des routes étant allié
A quelque esclave de la Sulamite,

XIII

Tel esquif dont la vie brève sur les flots
n'a pas tenté l'écho de son cri d'agonie
telle vague histoire balbutiée au bivac
par quelque bègue reitre ému.

Et pourtant, chansons marines vous savez
ce que furent, une brève minute, vos jouets
vos jouets dotés de paroles et de deuils
vous roulez par vos éternelles demeures sans seuil
des armatures de corps et des ossatures d'âme sans accueil.

S'ils peuvent s'endormir à l'ombre d'un écueil
ou laisser la mémoire d'un récif où les esquifs
viennent quérir la mort brève
vous murmurez autour, vous, chansons marines
le psaume de vos indifférences et vous passez.

Par la mer des plaines vagues on trouverait
Quelque reitre, d'hier endormi dans son manteau
` avec aux lèvres encore la mémoire
de cette vague histoire aux feux clairs des bivacs
quelque reitre foré de blessures
mais mort de cette histoire balbutiée au bivac.

XIV

Enfant, pourquoi gardâtes-vous
mon cœur endolori sur votre cœur distrait
Enfant bizarre, pourquoi voulûtes-vous
ce servage, et ces chansons, loin de votre visage?

Ce bal et cette mascarade, où jamais vous
ne vîntes, que votre face adorable, sous un loup
si doux au baiser que mon corps défaille
aux mémoires des féeries des lampes sur le velours de votre loup
vous qui fûtes tout
Cet éternel bal, et cette mascarade, pourquoi l'ordonnâtes-vous?

Les pacages sont solitaires
les torches sur le mystère
n'illuminent que vagues regrets d'enfants
Faut-il que je regrette ce bal et cette mascarade?

X V

Je vous ai soulevée vers ma bouche : tes lèvres
résonnaient les rades riches de tartanes
et ces concordances de drapeaux sur la mer vers des vols de mouettes.
tes lèvres résonnaient d'amples musiques évocatrices
de climats guérisseurs du mal d'âme
tes lèvres chantaient des musiques.

les Edens de tes lèvres et les reposoirs de tes seins
comme des fruits frigides de mes Palestines
me parlaient les repos, et les galops dans la savane, et les roses infinies.
Les mirages perpétuels
entrelaçaient leurs baisers aux coins des lignes de ta face
et ta bouche était l'arcade initiatrice
d'impossibles, et palpables et chimériques paradis.

Nos baisers, tu sais, ces baisers nos âmes, sont affixés à des pals
en face des frontières de nos Palestines
les essaims des corbeaux des airs
dansent des deuils autours de nos âmes
Et quand la charité d'une mendiante harassée
Écarte de son bâton les corbeaux des airs
cette garde s'en retourne plus triste en sa fatigue
d'avoir vu des suppliciés dans le désert.

XVI

Mon âme, pardonnons-nous ; quels tarots
nous eussent prédit nos solitudes
Mon âme, pardonnons-nous ces trots dans les solitudes
Ma compagne des veillées âcres, veillons ensemble

Te parler des désespoirs des solitudes? accoude-toi
et parmi les ruines sous le passage de la horde
recueille-toi

Au bois, les os des enfants morts, sonnent des musiques extatiques
des échos se lèvent et murmurent léthargiques
« Vos âmes endormez-vous, ton âme garde-toi. —

REYAM

UNE VOIX DE FEMME *d'un temple lointain* :

        Vers le plafond
en semis d'ombre et d'or des crépuscules,
dans les joies minérales des yeux d'étoiles
sous la surveillance bonne des cosmogonies qui se reculent
et les pâles divans de lait divin sous les blancs voiles
        Sous le crépuscule profond

Je fais un pas et j'apparais sur les balcons ;
        aux balcons de la terre
      Issue du luxe noir et or des lambris
            J'apparais
      Et s'apaise la douleur des âmes en débris

    L'auréole éclot des floraisons et des ramures
            mûres pour la joie.
Cortégées de tiares d'éphémères et des inflexions des sceptres des rois
    de longues caravanes palmées d'aurores drapées de soies
        sous un printemps nouveau des ramures.

Chansons d'amant

Des murs écroulés sous le deuil des lierres
sont comme jardins ascensionnels aux cieux mystiques
et tendent à mes reflets
au miroir de l'entrelac de mes ballets
des fleurs comme des paumes humaines et soyeuses.

Quelque humain qui rit aux bayadères
pressent l'obscur délice d'une mort fondante
des frissons doux volètent aux cimes centenaires
Quelque parfum se meurt en fleur
et des sanglots d'épithalame chantent aux plantes.

Nuit d'été mon œuvre, astres laurés, rêves essores
trêve des courages, largesses des baisers
frémissement qui se comprend et se perçoit,
et ne veut plus mourir
mers d'arôme, chants en splendeur, naissance des fiancées
regards des pâtres
éclosions des pylones de rêve, autour des sphinx d'albâtre
certitudes en triomphes, issues des conques
de la mer radieuse et lactée
de mes yeux votre miroir
cortège et coryphées

Voici l'éternelle fiancée et le fleuve
le fleuve et la mer, la source et le silence
  et les moires et les fêtes
   et les trophées
Le secret de la mer qui se baisse et se lève
  et le secret, des secrets de la nuit
   Moi l'Eve.

Musiques éparses et gnoses
roses astrales, opium des fleurs
  Sésame aux portes d'or
aux gonds des portes des palais de marmorose
   halètement des peuples
qui le long des fleuves et des rivières
mènent, leurs armes et leurs chevaux et leurs gazelles
   espoir des tribus enfantes
   raison des terrasses du mage
cause des douleurs et des joies qui enfantent
   c'est moi l'Eve.

REYAM

La voici, notre ville en fête, notre cité
Vois-tu, la nuit violette ici plus pure incline
plus de parfums partis des divines ravines
  où nous vivrons nos pas heureux

Chansons d'amant

Par la folie incandescente des étés
J'y sais aussi fraîchir les plus jeunes fontaines
    près des halliers peuplés de faons peureux

    Vois-tu notre cité de fête
Les lampes des palais nous y sont bienveillantes
    leurs flammes dorées plus qu'en d'autres terres

O ma cité, cité citrine vers la mer pâle
    tes blancs minarets
    de la haute montagne proche m'appelaient
    comme voix maternelle.
La course de mes pieds dépassait mes sandales
    et mes yeux avaient des ailes
pour mirer sa splendeur en tes yeux diamantés

    Voici notre cité de fête
Vois-tu notre palais illuminé des lampes
    des lampes de l'attente et de l'accueil
Voici le pays d'or et de songes, et notre palais sur ces rampes.

VOIX D'UN MINARET

Debout dans l'extase le seigneur attend
    Quelque réponse à ses prunelles
    Devant le vide éternel
Debout et présent le seigneur attend

Il attend dans la nuit déserte
un regard d'humain vers son ciel
devant le vide éternel
Debout et présent le seigneur attend.

Au bas des escaliers que doit franchir Reyam, un vieux derviche harassé
s'est assis et murmure.

Comparaître, ah demain s'il me faut comparaître
devant moi-même mon prêtre et mon roi
Quand mon âme au seuil du disparaître
de l'éternel et taciturne disparaître
me demandera
Vieillard qu'as-tu fait de ton âme et de ton être
Vieillard qu'as-tu fait
de ce frère, qui dans une cabane de ton âme dormait
sous les balancements de palmes en rêve
attendant l'heure de naître à ta voix
te conter les chroniques d'un grand rêve

Pourrai-je répondre : les passants
passaient si nombreux devant mes prunelles
battements d'ailes sur la nuit
que j'ai laissé mourir l'heure à voir passer
des turbans et des robes et des bâtons brisés

123

Chansons d'amant

Les paroles des chansons sourdies des rues lointaines étaient si tendres
  Que j'ai laissé mourir mon frère à les entendre
  Les paroles des chansons lointaines si indistinctes
  que j'ai tari le fleuve de vivre à les attendre
    plus proches et plus prêtes pour comprendre
  leur charme lent, leur charme doux, leur charme triste
        et pour savoir
      de quelle Ève astrale et surnaturelle
      de quels anges aux paroles en albes ailes
        ces chansons furent le miroir

O ponts du ciel, je sais vos arches bâties d'attentes brisées
      mais mon âme à l'heure où ses serviteurs
  trop longtemps debout pour la garde et le combat
      en un soir rêveront le dernier rêve
      « c'était trop bref, ce fut trop long »
      l'âme dira : qu'as-tu fait de tes serviteurs
      où est ta droite, et l'épée de ta droite
      où est ta gauche et le bouclier de ta gauche
      où est ton front et le casque de ton front
  et la terrasse de tes yeux qu'y passe-t-il maintenant

  l'agile citadelle de ta force et le coffre de ton cœur
  en quelles landes stériles les entouras-tu de tes gardes
  sur quelles frêles tentes, aux mirages de landes tes étendards.
      Les sabots de tes chevaux sonnaient à des terroirs

où les citernes sont taries.
Ton pardon tombait au front de tes serviteurs
ce pardon pour toi-même ton frère l'avait en garde
et ton frère de toi-même est mort.

Du plus haut minaret j'appelais
Quand la nuit à nouveau fiance les amours des hommes
Du plus haut minaret j'appelais
des échos en prière bourdonnaient à ma parole
sur les terrasses j'entendais à ma parole
éclater en gerbe les fiançailles des baisers,
mais où suis-je, vieil aveugle, parmi les hommes

Dans mon âpre solitude
les souvenirs entaillent comme cognées en forêts
dans ma coupe d'amertume
les souvenirs filtrent comme poisons dans les artères
comme des aiglons seuls dans l'aire
mes désirs clament vers ma mémoire en désuétude

VOIX D'UN AUTRE MINARET

O solitaire quêtant l'albe robe de la recherche, o solitaire
solitaire attendri des arabesques stellaires
o solitaire inclus dans ta muette litanie, o solitaire
à ta droite, marche le désert parmi les foules.

Chansons d'amant

O solitaire qui des patries
par les plages vient aux sanctuaires
vivre plus vivement l'heure de toute ta vie
o solitaire, au divan, près de la coupe, qui t'étends
solitaire qui cherche, solitaire qui attend
par la bigarrure des foules

Le rêve d'illusion, comme fleurs d'autres patries, des mains l'apportent
Inviolées, par l'or dense des portes, elles l'apportent
dans l'éclair sidéral et bref de leur présence
Solitaire, ce rêve porte-le vers tes lèvres
sans questionner l'étoile messagère
car l'apparence et les pétales de l'extase sont mensongères.

En haut de l'escalier du palais préparé pour recevoir ceux qui reviennent
un vieux serviteur accueille Reyam.

Maître, les choses ont neigé
depuis vos départs vers les phares d'exil
des doigts d'ombre ont abrégé
des floraisons de vies fertiles
sous les dômes de votre palais

Voici les clefs antiques des salles claires et des jardins
et voici vieillis vos serviteurs de vos enfances.
à vos prochains appels aux éveils des matins
combien nombrerez-vous de défaillances

Maîtres, salut à vous tous deux
dans l'ample vestibule où des fresques de dieux
attendaient dans l'immobile essor de leur présence
les pas du maître, captif si loin, dans les absences

Reyam et Djemaïl sont passés, sur la terrasse ils écoutent et regardent
la ville, la mer et la lande.

REYAM

Vois, la fête de la ville est continue
par la chanson de ses fontaines et le pas de ses almées
la joie, sans causes et sans trêve s'annue
par les cours en lumière au pied d'amères mosquées

La mer supporte les chalands
alourdis de blés et d'ors et de passants
venus rire la fête de la cité
venus pour repartir vers d'autres cités

Voici la plaine noire et lointaine devant nous
ne semble-t-il pas que des ombres
gravissent, pénibles, mornes et décombres
et noires, se lèvent vers nous.

Que distants et muets, sans se voir, ni savoir
où les mènent leurs pas
tous d'un effort même s'efforcent en la nuit noire
vers un éternel repas

Bonheurs en léthargies, fêtes en oubli, joies omises
caprices, en habit de forêts en folies
Sur ces cœurs de la lande désolée descendez
un instant dans un mirage épanoui
par les caresses
des lunes solitaires en traînes de reflets

Détournons nos yeux de la lande larvée
regardons plus sereine que la fête de la cité
notre fête en nos cœurs et nos jours arrivés
au décor immobile et natal, à ma cité.

DJEMAÏL PARLE A MI-VOIX, DJEMAÏL PARLE

« O Pâleurs
Délices lactées des nuits mes sœurs
Vêtues de chevelures noires piquées d'astres
Pâleurs violettes comme mes yeux émus

nuit au rêve doux comme somme d'enfants
nuit qui bénissez l'heure du bonheur parmi les désastres
nuit tiède, nuit temple aux lits de la terre
nuit pèlerine des parfums
nuit évocatrice des faces des défunts
que tu pares des beautés florales du lointain
tu m'apparais
Ta face diamantée sur le palanquin d'or
Que balancent les pas des éléphants géants
et tu renvoies la souffrance
du jour bruyant, du jour opaque
fête quotidienne des cymbales
des jeux et des combats d'ours
fête des montreurs de cynocéphales.

DJEMAÏL PARLE A MI-VOIX, DJEMAÏL PARLE

« Le centaure encore fief de la terre humaine
chevauche l'immensité de la nuit
Pan se couche aux lits humides des cours d'eaux
pour chanter la peine éternelle
Des lacs étroitement gardés de terres en roseaux.
Mutins parmi les fleurs qui parlent
Les elfes s'éveillent aux baisers de la nuit
pour enchanter les tristes âmes en repos

Chansons d'amant

et diaprer d'un coup d'aile leurs rêves falots
La nixe de la mer froide et pâle parle
   les consolations à ceux-là qui dorment
le songe statique de la mer énorme.

DJEMAÏL RIT

Des files de cavaliers vont héler aux portes du manoir.
par la plaine, hâtée de leurs pas, dans le soir
Des chétifs en pèlerinage vont à la flamme du miroir
   Qui s'allume en incendie sur la tourelle
De frêles fillettes s'empressent vers le miroir
seule incandescence dans la féerie du pays noir
et leurs chansons brillent comme ruisselis d'eaux vives
sur le fonds sombre, des pas des pèlerins sous le ciel noir.

DJEMAÏL MURMURE

De la plaine, des vagues, des palais
   des voix montent à moi
des voix résultantes de musiques en émoi
   aux jardins nocturnes du palais
   des pages rêvent pour moi

Des nefs d'âmes pleines
transmigrent aux mers océanes
des nefs d'âmes pleines de moi
le pêcheur sinistre des mers océanes
Les mène à la dérive, épris d'un sourire de moi
qui vient de se passer sous les étoiles.

Dans une bourgade
désolée des vents de mer
et sifflante sous le vent des forêts
Des femmes tissent leurs toiles
heureuses et gaies,
Dans les âtres de la bourgade
dans les flammèches en étoiles
mon sourire a passé se jouer.

Un khéroub de douceur
Qui chante à l'orgue au paradis
s'interrompt pour entendre aux voix de la terre
Un khéroub de rigueur
qui s'élançait du paradis
s'arrête écouter les chansons de la terre.

ma voix parle aux piliers des vieux temples
ma voix sait l'accent de dialectes inconnus
ma voix broche ses chants aux manteaux amples
au manteau d'or des songes inconnus.

Chansons d'amant

C'est l'heure attendue
Mon ami de mes rêves et de ma vie s'en revient
vers notre chambre de nos baisers
La nuit se fait plus claire aux vitraux de la chambre
l'argent lunaire rit aux fleurs d'or des divans
voici le silence de la nuit
l'heure en fête de la nuit
Un seul bruit passera sur la terrasse du palais
celui de son pas vers mes baisers.

O Nuit vêtue de noire chevelure piquée d'astres
d'astres d'or mat, d'astres en diamants
Nous voici qui partons notre sommeil d'amants
vers toi, notre sœur éternelle et solitaire
Et tu nous ris de toutes tes étoiles
Nuit abondante qui nous enveloppe de son voile.

TABLE DES MATIÈRES

*Achevé d'imprimer le
six août mil huit cent
quatre-vingt-onze, par
A. Lefèvre, pour Paul
Lacomblez, éditeur à
Bruxelles.*

www.ingramcontent.com/pod-product-compliance
Lightning Source LLC
Chambersburg PA
CBHW051725090426
42738CB00010B/2090